SOCIÉTÉ DE GÉOGRAPHIE DE LILLE

A TRAVERS LA PERSE

Conférence faite à Roubaix le 21 Février 1891

PAR

M. CASTONNET DES FOSSES,

Membre de la Société de Géographie,
Président de section de la Société de Géographie commerciale de Paris.

LILLE

IMPRIMERIE L. DANEL.

—

1891.

A TRAVERS LA PERSE

<hr>

Conférence faite à Roubaix le 21 Février 1891

PAR

M. CASTONNET DES FOSSES,

Membre de la Société de Géographie,
Président de section de la Société de Géographie commerciale de Paris.

<hr>

LILLE,
IMPRIMERIE L. DANEL.

1891.

A TRAVERS LA PERSE

Il y a bientôt deux ans, le shah de Perse est venu à Paris admirer les merveilles de l'Exposition et pour la deuxième fois, il a visité la capitale de la France. Sa présence a excité la curiosité et en voyant ce monarque oriental, l'on a songé au pays des Mille et une Nuits, aux roses de la Perse, à la beauté des dames de Téhéran, quelques-uns même aux *Lettres persanes*. Mais généralement l'on ne s'est pas douté de l'importance du royaume de Nass-er-Eddin et du rôle qu'il avait joué dans l'histoire du monde. Est-il besoin de rappeler la lutte en quelque sorte légendaire, de la Grèce contre la Perse? A l'heure actuelle, cette région dont on parle souvent et que pourtant l'on connaît fort peu, est devenue le champ de bataille où se rencontreront l'Angleterre et la Russie et dans un avenir assez prochain. La Perse est la route des Indes, et nous y retrouvons la fameuse question d'Orient qui est, plus qu'on ne croit, une question économique. C'est indiquer d'un mot son importance. Aussi est-il intéressant de connaître l'ancien royaume de Cyrus et d'étudier sa situation, ses habitants, ses productions, son commerce, tout en éveillant çà et là quelque souvenir du passé. C'est pourquoi nous pensons qu'un aperçu rapide de la Perse et des Persans peut faire l'objet de notre entretien.

Lorsqu'on jette les yeux sur une carte de l'Asie, l'on voit que par sa situation, la Perse est faite pour attirer l'attention et, par conséquent, les ambitions et les convoitises. Au nord, elle touche les possessions russes du Caucase, la mer Caspienne et le Turkestan ; à l'est, le royaume d'Hérat, l'Afghanistan et le Bélouchistan qui la séparent de l'Inde ; au sud, le détroit d'Ormuz et le golfe Persique ; à l'ouest, la Turquie d'Asie ; elle est à deux pas de l'Arabie. Sa situation est unique en Asie, et ainsi il ne faut pas s'étonner de son rôle sur la scène politique et des dangers qu'ils lui font courir.

La Perse n'est plus ce qu'elle était dans l'antiquité, sous les *grands rois*, ni même au Moyen-Age, ou sous la dynastie des Sofis, au XVIIe siècle. Ses démembrements ont formé le royaume d'Hérat, l'Afghanistan et le Béloutchistan, et au commencement du siècle, la Russie lui a enlevé la Géorgie et l'Arménie. Ainsi réduite, la Perse présente une superficie d'environ 1,650,000 k. c., c'est-à-dire un peu plus de trois fois celle de la France. Son aspect général est celui d'un vaste plateau limité à l'Est et à l'Ouest par plusieurs chaînes de montagnes. Dans certaines provinces du sud, le Kerman, le Farsistan, le pays est montagneux. A part quelques pics qui ont jusqu'à 3,000 mètres, les montagnes de Perse n'ont guère que 1,000 à 1,200 mètres d'altitude. Elles sont souvent boisées et pour la plupart couvertes de neiges. Les cours d'eau sont sans importance; il est rare qu'ils soient navigables et plusieurs d'entre eux s'écoulent dans les sables ou dans des lacs et n'arrivent pas à la mer. Sur les rivages se trouvent des plages basses. L'intérieur du pays est en partie occupé par de vastes déserts, imprégnés de sel marin, qui, en été, forment des océans de poussière, et en hiver, deviennent d'immenses marécages plus ou moins impraticables. Le plus grand de ces déserts, celui de Kouvir, a cent cinquante lieues de long sur soixante-quinze de large. C'est dans cette solitude que se trouve le Kouhi-Télism, la *montagne enchantée*, ainsi nommée par les Orientaux à cause du phénomène de la réfraction que l'on y observe, qui fait qu'elle change de figure selon les points de vue du spectateur. Le mot Télism est devenu *Télisme*, dont nous avons fait Talisman et que nous employons, sans nous douter de son origine persane.

Si l'aspect de la Perse n'a rien de bien séduisant, son climat n'est pas enchanteur. Dans les provinces voisines de la mer Caspienne, où l'humidité est, pour ainsi dire, constante, il est assez doux. Mais dans la région qui forme le plateau, les étés sont excessivement chauds et les hivers extrêmement rigoureux. Lorsqu'on descend vers les rivages du golfe Persique, l'on a à redouter un vent brûlant, qui, souvent, suffoque les voyageurs. Dans certaines provinces, le climat est néanmoins assez agréable, principalement dans la province de Chiraz qui jouit d'une réputation tant soit peu exagérée. La meilleure saison, en Perse, c'est le printemps. Le mois de mai est riant et aux abords des villes, dans les cantons cultivés, les jardins se montrent fleuris de roses. Le pays est assez salubre et nombre de maladies de l'Europe occidentale y sont inconnues. Mais l'on y trouve la lèpre, la peste, le choléra, et enfin n'oublions pas le terrible fléau qui décime souvent les populations, la faim. La famine est en quelque sorte périodique et ses effets sont désastreux. Souvent, par suite de ses ravages, des cantons peuplés sont transformés en déserts.

L'aperçu que nous venons de donner peut jeter une certaine défaveur sur la Perse. Cependant, cette région possède des ressources nombreuses et si elle était aux mains d'une puissance européenne, il n'est pas douteux qu'elle recouvrerait en partie son ancienne prospérité. L'on ne connaît que d'une façon sommaire les richesses minérales de la Perse, mais l'on sait que le fer, le plomb, le cuivre, l'étain, le charbon, se rencontrent sur divers points. Les gisements de sel gemme sont nombreux et importants. Les carrières de marbre ne laissent rien à désirer comme qualité. Les fameuses turquoises ont, pour ainsi dire, leur patrie en Perse. Le pétrole est très commun dans les provinces du nord et cependant le grand marché de l'huile minérale n'est pas en Perse, il est en Russie, à Bakou.

Le sol est plus fertile qu'on ne le croit généralement, partout où il y a de l'eau en quantité suffisante dans les vallées, dans les oasis, la terre produit sans beaucoup de travail. Le vingtième du pays cultivable est seulement cultivé. Le grain le plus commun est le froment qui est excellent. Le riz vient surtout dans le nord. L'on sème aussi l'orge, le millet et un peu d'avoine. Les fruits sont nombreux. Le coing, la groseille, la framboise, la datte, la grenade, la figue, l'abricot, le melon, jouissent, à juste titre, d'une grande renommée. Les pêches sont exquises, si bien que pendant longtemps l'on a cru qu'elles étaient originaires de la Perse. Le botaniste Candolle a établi que c'est de la Chine que nous vient le pêcher. La pomme, la poire, la cerise, la prune, ne valent pas, il est vrai, celles de l'Europe. Mais cette infériorité est due principalement au peu de soin qu'on apporte aux arbres fruitiers. La greffe est, pour ainsi dire, inconnue. Dans les cantons abrités par les montagnes, les oranges sont énormes. Le citronnier réussit à merveille. La vigne étale toutes ses richesses ; il y a plusieurs sortes de vin excellent, principalement celui de Chiraz qui est le plus estimé. Les légumes réussissent très bien. Parmi les plantes industrielles, nous citerons le mûrier, le cotonnier, la canne à sucre, le tabac, le ricin, le chanvre, le lin, la térébenthine, le mastic, la garance et le safran. Quant aux fleurs, inutile d'en parler. Les poètes les ont assez chantées. La Perse est surtout célèbre par ses roses de toute variété dont l'éclat et l'odeur ne laissent rien à désirer. Souvent elles sont cultivées en plein champ et servent à fabriquer ces parfums tant recherchés dans tout l'Orient.

Le règne animal est assez bien représenté. Le cheval, bien qu'il le cède pour la vitesse au cheval arabe, est remarquable par la beauté de ses formes ; le mulet est très recherché ; il en est de même de l'âne, qui est vif, leste, adroit. Le chameau est assez répandu. Les chèvres du Kerman rivalisent avec celles du Thibet. Le bétail ressemble à celui de l'Europe, à part les moutons qui traînent une queue pesant souvent plus de trente livres. Dans les bois se cachent des daims, des antilopes, des renards, des zèbres, des sangliers, des ours, des hyènes et parfois quelques lions ou tigres. Le lièvre se niche partout et l'écureuil, différent de celui de nos pays, est très commun. Dans le sud, le chacal se rencontre fréquemment ; dans les déserts du centre galopent des troupeaux d'ânes sauvages connus sous le nom d'onagres ou d'hémiones et dont plusieurs spécimens existent au Jardin d'acclimatation de Paris. Enfin, n'oublions pas le ver à soie qui constitue une véritable richesse. Quoique bien moins importante que par le passé, la sériciculture donne lieu, chaque année, à un trafic assez important.

L'on voit que la Perse n'est pas un pays déshérité, et si ses ressources étaient mises en valeur, la famine disparaîtrait ou tout au moins ne serait plus qu'un fait accidentel. Rien ne prouve néanmoins qu'une nouvelle ère s'ouvrira pour ce pays, qui semble condamné d'une façon inexorable, à moins qu'une puissance européenne ne vienne lui infuser un sang nouveau. L'on s'en étonne, et à juste titre, lorsqu'on se rappelle son passé. A un moment donné, la Perse a songé à l'empire du monde : son souverain s'intitulait orgueilleusement le *grand roi* et se faisait obéir depuis les bords de la mer Égée jusqu'aux rives de l'Indus. N'est-ce pas en Perse que s'élevaient de magnifiques cités comme Persépolis, Suse, Ectabane, dont nous admirons les ruines ? Comment se fait-il qu'à cette prospérité si grande ait succédé une décadence aussi complète ? Telle est la question que l'on se pose et tout naturellement l'on arrive à parler des habitants de la Perse pour les connaître, à voir ce dont ils sont actuellement capables et à se demander quelle sera leur destinée.

Il serait intéressant de suivre les Persans depuis leur origine jusqu'à nos jours et de cheminer avec eux à travers les siècles. Mais cette étude rétrospective nous entraînerait beaucoup trop loin. Bornons-nous à dire quelques mots. Le peuple persan ou perse, comme on l'appelait dans l'antiquité, appartenait primitivement à la race indo-européenne. Environ 3,000 ans avant l'ère chrétienne, des Aryas envahirent la région que l'on désigne souvent sous le nom d'Iran et s'y établirent en se mélangeant avec les quelques peuplades Toaranniennes qui la parcouraient. Cette époque lointaine est assez obscure. Néanmoins, l'on sait que le pays était alors divisé en plusieurs états dont les principaux étaient la Médie et la Perse. La province actuelle d'Irak-Adjémi correspond à la Médie et celle du Farsistan à la Perse. Le nom de Perse ne désignait qu'un territoire grand comme le quart de la France. Environ un millier d'années avant Moïse, paraît Zoroastre, personnage dont la vie est restée mystérieuse. Il donne à ses compatriotes la culture morale et prêche une nouvelle religion, le Madzéisme, dont le caractère est éminemment spiritualiste. La Médie et la Perse subissent la domination de Ninive. Au VIII° siècle avant l'ère chrétienne, cette cité, si célèbre dans l'Écriture, est détruite. La Médie recouvre son indépendance et fait reconnaître sa suprématie par la plus grande partie de la région qui forme, à l'heure actuelle, la monarchie persane. L'empire médique ne dura guère plus de deux siècles. En 559 avant J.-C., Cyrus, qui descendait des anciens rois indigènes de la Perse, souleva ses compatriotes et mit fin à l'empire médique. Cette révolution s'opéra facilement. Les Mèdes et les Perses appartenaient à la même race et avaient la même religion. L'influence d'une province fut substituée à celle d'une autre province : l'empire médique devint l'empire perse et à partir de ce jour, la Perse a eu un acte de naissance dans le monde politique.

L'empire perse n'eut pas une très longue durée ; il subsista un peu plus de trois siècles et fut détruit en 330 par Alexandre-le-Grand. La Perse fit partie de l'empire macédonien, pour appartenir ensuite aux rois de Syrie, les Séleucides, et aux Parthes. En l'an 226 de l'ère chrétienne, une dynastie, celle des Sassanides, surgit, et grâce à elle, la Perse qui, depuis six siècles, subissait une domination étrangère, parvint à recouvrer sa nationalité. Au VII° siècle a lieu l'invasion arabe. La Perse succombe et disparaît de nouveau pour appartenir successivement aux Khalifes, aux Ghaznévides, aux Seldjoucides, aux Mongols, aux Tartares. Au commencement du XV° siècle, elle revient à la vie politique ; plusieurs dynasties, celles du Mouton noir, du Mouton blanc, des Sofis, des Kadjars, se succèdent les unes aux autres. Des guerres intestines viennent ravager le pays ; les Russes envahissent plusieurs provinces. Toutes ces crises n'empêchent pas la Perse de conserver son autonomie et de l'affirmer en quelque sorte. Aussi l'on ne peut nier qu'elle est douée d'une certaine vitalité. Son histoire le prouve et nous dispense de tout commentaire à ce sujet.

L'aperçu que nous venons de donner du passé de la Perse est suffisant pour démontrer que sa population est loin d'être homogène. L'on donne à la Perse environ neuf millions. Les deux tiers appartiennent à l'ancienne race et sont désignés sous le nom de *Tadjiks*. L'on compte 1.500.000 Turkomans, 7 à 800.000 Kurdes, 500.000 Arabes, débris de l'invasion du VIIe siècle, 50 à 60.000 Arméniens, 30 à 40.000 Nestoriens, 15 à 20.000 Kaoulis ou Tziganes et 7 à 8.000 Juifs. La population de la Perse n'est pas toute sédentaire : le quart au moins de ses habitants vit à l'état nomade ; aussi le pays est-il sans cesse parcouru par des tribus, principalement Turkomanes, qui le rançonnent et le pillent sans trève ni merci. La race qui domine, qui possède la suprématie, à laquelle appartient la dynastie régnante, celle des Kadjars, n'est pas la race indigène des Tadjiks, mais celle des Turcomans. Tous ces éléments étrangers ont considérablement modifié le peuple persan. Néanmoins, le type primitif s'est assez bien conservé dans le Farsistan, chez les Guèbres qui sont restés fidèles à la religion de Zoroastre. Parfois, l'on retrouve des figures qui rappellent complètement celles qui sont sculptées sur les monuments de Persépolis. Les Persans sont, en général, bien faits, de stature moyenne et le cas d'obésité est très rare. Ils ne sont jamais aussi blancs que les Européens, ont les cheveux lisses et châtains, la barbe épaisse, le front médiocrement haut et aplati aux tempes, les yeux grands, les sourcils arqués, les lèvres minces, le menton étroit, le cou assez court et la poitrine très développée. Les femmes sont remarquables par leur beauté. Elles ont plus de grâce que les Géorgiennes et plus d'expression dans la physionomie. Elles ont les yeux noirs, ornés de longs cils, le nez aquilin, la bouche petite, les traits fins et doux, le teint blanc, une belle chevelure dont elles prennent un soin extrême. Leurs charmes sont hors de discussion, et Alexandre le Grand avouait lui-même qu'*elles faisaient le tourment de ses yeux.*

La vie intime des Persans est bien faite pour nous arrêter quelques instants. Chez les hommes, le costume se compose d'une chemise de coton, bleue ou blanche, d'un pantalon de drap, bleu, blanc ou rouge, étroit dans les hautes classes, large chez le peuple, d'une tunique en coton que recouvre un vêtement de couleur en calicot, en drap ou soie, plus ou moins orné suivant la richesse de son propriétaire. Par dessus ces vêtements que serre à la taille un ceinturon en étoffe ou en cuir, une casaque en drap, en laine de chèvre ou de chameau, souvent garnie de fourrures. La coiffure la plus usitée consiste en un bonnet en peau de mouton noir, de forme conique. Le costume des femmes a varié et c'est ainsi que l'usage de se tatouer le menton et le cou a, pour ainsi dire, disparu. Dans leur intérieur, les Persanes portent une chemise en soie ornée de broderies ou de perles, ouverte sur la poitrine, un pantalon également en soie, une robe tantôt courte, tantôt longue, et un manteau. Leurs cheveux pendent par derrière en longues tresses mélangées de fleurs, de rubans et de pièces d'or et d'argent. Elles portent des bracelets, des colliers. Quand elles sortent, elles se couvrent la tête d'un voile épais où sont pratiqués deux trous pour les yeux et s'enveloppent d'un peignoir bleu, si bien qu'elles sont méconnaissables, même pour leurs maris. La coupe du costume est la même : il n'y a de différence que dans la qualité des étoffes.

La manière de vivre des Persans n'a rien de bien tentant. Ils mangent deux ou trois fois par jour ; leur dîner a lieu à midi, et le soir, le souper est le principal repas. Dans les hautes classes, le mets favori est le riz bouilli, préparé de différentes façons ; le blé est la nourriture ordinaire du peuple. Le pain est de médiocre qualité et souvent il cause des vertiges aux Européens qui n'y sont pas habitués. Les melons, les fruits, les confitures, jouent un grand rôle dans les festins. La table est inconnue : une grande nappe d'indienne, ornée d'inscriptions, s'étend moitié sur le sol, moitié sur les genoux des convives accroupis. Elle est couverte de petits plateaux chargés de trois ou quatre sortes de riz bouilli, de bols pleins de ragoûts, de soucoupes de confitures, de sucreries et de grandes jattes de sorbets. La fourchette n'a pas encore fait son apparition et l'on se sert de ses doigts. Les maisons, comme toutes celles de l'Orient, ont leurs toits en terrasses et durant l'été, l'on y passe la nuit. Elles sont dépourvues de fenêtres sur la rue et reçoivent le jour du côté de la cour. Leur construction est rudimentaire et la plupart du temps les murs consistent en un mélange de boue séchée et de paille hachée. Quant au mobilier, inutile d'en parler. A part les demeures des vizirs ou des autres personnages marquants, c'est misérable. Le comfort laisse encore beaucoup à désirer en Perse et le temps n'est pas encore venu où l'on y ira en villégiature.

La langue parlée par la majorité des habitants est le persan moderne qui a succédé au pelhvi et dont il dérive. Il date du VIIIe siècle, s'écrit en caractères arabes et comprend plusieurs dialectes. La littérature est assez riche et son époque brillante a été aux XIIIe et XIVe siècles. Le Persan a excellé dans tous les genres de la poésie ; il possède de nombreux historiens, des fabulistes, des moralistes. Cette littérature nous est presque, pour ainsi dire, inconnue. Au XVIIe siècle, un diplomate français, Petis de Lacroix, a traduit les jolis contes connus sous le nom de *Mille et un jours*, rassemblés et réunis par un derviche qui vivait alors à Ispahan. Les *Mille et un jours* sont moins connus que les *Mille et une nuits* et bien à tort : ils ont un but sérieux. Il s'agit de démontrer à une princesse prévenue contre les hommes qu'ils peuvent être fidèles en amour. Les descriptions sont toujours gracieuses, aussi pour bien connaître l'esprit persan, la lecture de ces contes est indispensable.

Depuis l'invasion arabe, les Persans ont embrassé l'Islamisme, bon gré ou mal gré. L'ancienne religion de Zoroastre ne compte plus que 8 à 10.000 adhérents connus sous le nom de Guèbres ; au siècle dernier, on en comptait encore 300.000. Quant aux Chrétiens et aux Juifs, ils ne figurent qu'à titre d'exception. L'on peut donc dire que tous les Persans sont Musulmans. La plupart appartiennent à la secte des Schiites et les Turcs et les Arabes qui sont Sunnites les considèrent comme des schismatiques. Pour connaître ce schisme, si l'on peut l'appeler ainsi, il faut remonter aux premiers temps de l'islamisme. En mourant, Mahomet n'avait désigné personne pour lui succéder en qualité de khalife. Ses disciples choisirent successivement Abou-Bekre, Omar et Othman, de préférence à son plus proche parent, son cousin-germain Ali, qui ne fut élu qu'à la mort d'Othman et fut assassiné, après un règne de quatre ans, par la famille des Omniades qui rendit le khalifat héréditaire. Un fils d'Ali, Hussein, se réfugia en Perse et y épousa une descendante des Sassanides ; ses héritiers n'ont cessé de revendiquer leurs droits. De là un schisme dans le monde musulman. Les Sunnites, qui sont de beaucoup les plus nombreux, admettent comme légitimes les trois premiers successeurs de Mahomet, tandis que les Schiites les considèrent comme des usurpateurs. Les Schiites ne dominent qu'en Perse ; pour les Persans, la cause d'Ali est devenue nationale. Le pèlerinage de La Mecque est, pour eux, d'une médiocre importance. La ville de Méched, dans le Khorassan, est le vrai lieu de pèlerinage et chaque année le rendez-vous de nombreux fidèles. La ville de Kerbéla, située à peu de distance de Bagdad, en Turquie, où se trouve le tombeau d'Ali, est regardée comme une terre sainte et les riches Persans tiennent à honneur de s'y faire enterrer. Aussi les routes qui conduisent dans cette nécropole sont-elles sans cesse parcourues par des troupes plus ou moins nombreuses, avec des cadavres portés à dos de chameau. Cet usage constitue un véritable danger et c'est ainsi que Kerbéla est devenu un lieu pestilentiel au détriment de la salubrité. L'on ne saurait s'imaginer combien le souvenir d'Ali est resté vivace dans toute la Perse. Le mois de Mohanem où il périt est considéré comme un mois de deuil, et durant toute sa durée, les mosquées sont fréquentées plus que jamais et l'on voit s'y s'accomplir des actes incroyables de fanatisme. L'on a vu parfois des croyants se poignarder et s'offrir ainsi en holocauste à la mémoire d'Ali. Il ne faut pas oublier que les Schiites ne sont pas plus tolérants que les Sunnites, et en Perse, la haine du *Roumi*, du Chrétien, est toute aussi grande qu'en Turquie, en Arabie ou en Afrique. Les fidèles d'Ali sont tout aussi hostiles aux idées européennes que les sujets du sultan de Stamboul ou les nomades du Sahara.

Contrairement à ce qui a lieu en pays musulman, en Perse, les discussions religieuses sont fréquentes et de nos jours de nouvelles sectes se sont formées. La plus importante est celle des Babystes. Son chef, né en 1824, Ali-Mohammed, revint du pèlerinage de La Mecque, fort peu édifié de ce qu'il avait vu et prêcha une nouvelle doctrine. C'était une réforme complète de l'Islamisme. Ali-Mohammed condamnait la polygamie, le divorce, l'usage du voile pour les femmes et reprochait aux classes fortunées d'oublier leurs devoirs ; ses prédications recrutèrent un certain nombre d'adhérents, et en 1848, au moment où l'Europe était en feu, les Babystes se soulevèrent et pour les réduire la Cour de Téhéran dut soutenir contre eux une guerre assez longue. Quoique non moins nombreux que par le passé, les Babystes existent toujours et ils attendent un moment favorable pour recommencer la lutte. Enfin, tout récemment, une nouvelle secte plus radicale que celle des Babystes, s'est formée dans le Farsistan, à Chiraz. Ses adeptes s'intitulent Ahari-Hakk (hommes de la vérité) et leurs doctrines sont un mélange de rationalisme et de mysticisme. En outre, un certain nombre de Persans se sont laissés envahir par le scepticisme. Plusieurs observateurs ont voulu voir dans ces différents mouvements le commencement d'une révolution religieuse. Nous ne le pensons pas. La présence de quelques sceptiques, les prédications de quelques novateurs ne changeront rien à la situation et en Perse la masse est et restera profondément Musulmane. Ce serait s'abuser étrangement si l'on pensait que l'Islamisme y est en décadence et appelé à disparaître;

il suffit d'assister à une fête religieuse pour se convaincre du fanatisme des Persans. Les missions bibliques des États-Unis, qui ont envoyé quelques pasteurs à Téhéran, ont pu se convaincre de l'impuissance de leurs efforts.

En Perse, l'état social laisse beaucoup à désirer, et sans être accusé de dénigrement, l'on peut dire que les mœurs y sont loin d'être correctes. Néanmoins, la société plaît au premier abord : la surface est séduisante. Les Persans sont polis, liants, prévenants, enjoués, spirituels et leur esprit vif, pénétrant et d'une mobilité surprenante, a quelques rapports avec le nôtre. Aussi les a-t-on parfois nommés les *Français de l'Asie*. Malheureusement, lorsqu'on les fréquente quelque temps l'on s'aperçoit que leurs défauts sont nombreux : ils sont dissimulés, fourbes, orgueilleux, voleurs, menteurs, prêts à toutes les bassesses et d'une paresse extrême. Ils aiment le jeu, sont débauchés et recherchent la bonne chère. Aussi, dans les villes pullulent une foule d'individus connus sous le nom de *Fouzouls* qui ne reculent devant rien, sont prêts à tout pour un bon dîner et rappellent assez les parasites de l'ancienne Rome. La vie des Persans se passe en intrigues et à imaginer quelques fourberies ; pour eux, le manque à sa parole n'a rien de déshonorant. Pour bien connaître la société persane, il faut lire deux livres. L'un a été publié au XVIIe siècle par un marchand français, Chardin, sous le titre de *Voyage en Perse* et sa relation est d'une grande exactitude. L'autre livre est plus récent : son auteur, James Morier, est un Anglais qui vivait en Perse au commencement de notre siècle. James Morier a imaginé un délicieux roman, *Hadji-Baba*. C'est un Gil-Bas persan qui, transporté tour à tour dans des bandes de voleurs, à la Cour du Roi, dans les bazars en qualité de marchand, dans les couvents comme derviche, mène partout une vie fort peu édifiante et nous initie à ces milieux où l'intrigue, le mensonge, l'hypocrisie et le vol sont à l'ordre du jour. Cartouche et Mandrin n'y seraient pas déplacés et tout porte à croire qu'ils y occuperaient de hautes positions dans l'ordre social ou politique.

Tout se prête à cette décomposition morale. L'esclavage est florissant dans toute la Perse et il n'existe pas de pays en Orient où l'on trouve autant d'eunuques. Avec le harem, la femme est un être inférieur, dégradé. La polygamie est largement pratiquée et le divorce d'un usage fréquent. Les causes de divorce sont nombreuses, multiples et parfois singulières. Ainsi la maigreur en est une. Si un Persan trouve que sa femme est trop maigre et n'a pas cet embonpoint tant recherché par les Orientaux, il peut divorcer ! Enfin, il existe en Perse un usage spécial : le mariage temporaire dont la durée est de vingt-cinq jours. Chez les Musulmans, il est admis qu'une femme n'a aucun mérite d'accomplir le pèlerinage de La Mecque si elle n'est pas munie de la patente matrimoniale. Aussi les caravanes de pèlerins sont-elles toujours infestées de vauriens qui sont prêts à servir de maris d'occasion aux veuves et aux vieilles filles et donnent surtout la chasse à leurs piastres. Le pèlerinage fini, le mariage est rompu à moins que de provisoire il ne devienne définitif. Les Persans trouvent ces unions fort commodes, les ont rendues d'un usage constant et en même temps fort pratique. Aussi la famille existe-t-elle moins en Perse que dans tout autre pays musulman.

L'instruction est à peu près nulle ; à chaque mosquée un peu importante est annexée, il est vrai, une école connue sous le nom de *medressée*. L'on y apprend aux enfants du sexe masculin à lire, à écrire, à compter, à réciter les versets du Koran et parfois à composer des poésies en arabe ou en persan ; mais toutes les notions qu'on y reçoit sont des plus élémentaires ; aussi est-il rare de trouver en Perse un homme versé dans une science quelconque. La médecine qui, jadis, était assez cultivée, est maintenant tout à fait arriérée. Plusieurs des remèdes sont d'une naïveté étrange. Un morceau de papier sur lequel est tracé un verset du Koran doit guérir de la fièvre ; un œuf cuit sur la coquille duquel on écrit une invocation à Allah, tenu pendant vingt-quatre heures sous l'aisselle, doit empêcher toute douleur intérieure. La vue d'une ânesse ou d'une chèvre pleine suffit pour conjurer certaines affections. Un diamant attaché au cou avec une ficelle est un préservatif contre l'épilepsie. Les excréments de loup mêlés au vin blanc guérissent de la colique. Cependant il faut reconnaître qu'il y a eu un certain progrès. La vaccine est connue et appréciée. C'est seulement au siècle dernier que l'imprimerie a fait son apparition et son usage est encore peu répandu. La presse est insignifiante et toute officielle. A Téhéran paraît une fois par semaine le *Journal de l'Iran* rédigé en persan. Les fonctionnaires sont tenus de s'y abonner et la politique est sévèrement bannie de ses colonnes. En revanche, cette feuille périodique raconte comme actualités les campagnes d'Alexandre le Grand, la vie de Napoléon et les chasses auxquelles le shah assiste. Aussi la presse n'a pas de ces écarts qui inquiètent les gouvernements de l'Occident et les successeurs de Cyrus n'ont pas à redouter ses attaques.

Le gouvernement correspond à la situation morale et intellectuelle des habitants. C'est l'absolutisme le plus complet. Le shah est considéré comme le vicaire du prophète. Mais les descendants d'Ali revendiquent sans cesse leurs droits et le considèrent comme un souverain de fait. Le shah est tout puissant et son autorité n'est limitée que par le Koran et la coutume. Ses ministres sont des instruments dociles à ses volontés. La justice est vénale. Quant à l'organisation administrative, elle est des plus rudimentaires et de beaucoup inférieure à celle de la Turquie. La Perse est divisée en dix provinces. Les plus importantes sont l'Irak-Adjémi qui correspond à l'ancienne Médée, le Farsistan à la Perse, le Khousistan à la Susiane, le Mazendéran à l'Hyrcanie, le Korassan au pays des Parthes. Les provinces sont subdivisées en districts et en cantons. Elles sont administrées par des gouverneurs appelés généralement vizirs, et les districts par des kakims. Chaque vizir, chaque kakim regarde le territoire confié à ses soins comme un champ qu'il peut exploiter sans trêve ni merci ; aussi partout règne l'arbitraire le plus complet et les populations sont pressurées. Les fonctionnaires vivent de rapines. Il est assez difficile d'évaluer le revenu du shah de Perse. La plus grande partie de l'impôt reste aux mains de ceux qui le perçoivent. Néanmoins, l'on peut estimer qu'environ cinquante millions de francs entrent annuellement dans les caisses de l'État. L'armée est bien au-dessous de sa réputation. Officiellement, elle compte 60,000 hommes de troupes régulières et 40,000 irréguliers. En réalité, elle ne comprend que 25 à 30,000 hommes, plus ou moins déguenillés, commandés par des officiers dépourvus d'instruction. L'artillerie est défectueuse. Cependant les Persans ont des qualités militaires des plus sérieuses. En 1859, on a vu un de leurs régiments aborder un carré anglais, sans avoir de cartouches. La bravoure persane ne peut être mise en doute. La marine se réduit à quelques bateaux de douanes, deux bâtiments à vapeur et un yacht de plaisance. En somme, la Perse comme puissance militaire n'existe pas et elle est incapable d'opposer une résistance sérieuse à un envahisseur. Aussi, c'est s'abuser étrangement que de supposer un instant qu'elle pourrait être maîtresse de la route de l'Inde, et l'ouvrir ou la fermer, suivant sa volonté.

Tout est à créer en Perse ; l'on avait pensé qu'à la suite de ses voyages en Europe, le souverain actuel, Nass-er-Eddin prendrait l'initiative des réformes et ferait arriver son royaume au rang des nations civilisées. Les innovations se sont réduites à peu de choses. La création d'un conseil d'état, l'organisation des postes, la fondation d'un hôtel des monnaies, la construction de deux chaussées, l'ouverture de plusieurs rues à Téhéran, voilà en quoi a consisté la révolution que l'on avait annoncée. Le télégraphe existe en Perse et relie quelques villes entre elles, mais il ne sert guère qu'aux Européens. Un chemin de fer de quinze kilomètres relie la capitale au village d'Abdoul-Azim, mais aucune autre ligne n'a été construite. Les routes qui, dans l'antiquité sillonnaient le pays, ont disparu depuis l'invasion arabe, et maintenant l'on ne trouve plus que des sentiers battus. Aussi les communications sont-elles fort difficiles. Le peu de commerce qui existe, se fait par caravanes à dos de chameau. Pendant l'été, l'on se repose le jour et l'on marche la nuit, à la clarté des étoiles. Les étapes sont généralement de 30 à 36 kilomètres. La sécurité n'existe pas. Lorsqu'on parcourt la Perse, l'on ne peut se défendre d'un sentiment d'inquiétude et de tristesse. L'on sent que l'on n'est pas sûr du lendemain et que la vie s'est arrêtée dans cette région qui, dans le passé, a brillé du plus vif éclat.

La Perse possède un certain nombre de villes ; leur aspect est une preuve de sa décadence. Si l'on pénètre dans le pays en venant de la Transcaucasie, la première cité importante que l'on rencontre, c'est Tauris, qui fut fondée au VIII⁰ siècle par la fameuse Zobéïde, l'épouse favorite du kalife Haroun-al-Raschid. Cette princesse était venue sur les ruines de Gazaça se guérir de la fièvre. En reconnaissance, elle fit bâtir la ville de Tauris, qui au Moyen-Age fut très importante et compta, dit-on, de 300 à 400,000 habitants. Aujourd'hui elle n'en a plus que 100,000 et est bien déchue. Néanmoins, c'est un centre commercial considérable et les transactions qui y ont lieu atteignent 40,000,000 de fr. L'on y remarque une citadelle, la mosquée de Chah-Djilan, ornée de coupoles vernissées, et un magnifique bazar, toujours fort bien approvisionné et respirant une certaine activité. L'on sent que l'on est voisin de la frontière russe.

De Tauris à Téhéran l'on compte environ 480 kilomètres. Téhéran, la capitale du royaume, est moderne. Jusqu'au siècle dernier c'était un pauvre village. Aux alentours, le paysage est grandiose. Malheureusement, le climat est peu salubre et en été, la chaleur devient excessive. Si bien que nombre d'habitants s'en vont habiter dans la plaine sous des tentes. Aussi, la population qui en hiver dépasse 150,000 âmes, atteint à peine 100,000 à cette époque de l'année. La ville est entourée d'un mur épais, flanqué de tours. Une partie se compose de bazars à galeries voûtées et spacieuses, à côté de caravansérails, de places avec réservoirs d'eau, de quelques jardins ; l'autre, de longues rues, d'avenues bordées d'arbres et de ruelles étroites. Les maisons, toutes uniformes, sont bâties en briques et très basses. Comme monuments, l'on ne peut guère citer que le palais du shah, et quelques mosquées dont l'architecture n'a rien de remarquable, le grand bazar, et un musée organisé depuis quelques années qui n'est guère qu'une boutique de marchand de bric-à-brac.

De Téhéran, l'on ne peut se dispenser d'aller à Abdoul-Azim, misérable village bâti sur les ruines de Rhagès. L'on fait ainsi connaissance avec les chemins de fer persans et l'on se reporte au récit de la Bible. C'est dans la cité de Rhagès que Tobie alla réclamer à Gabélus les six talents qu'il devait à son père et qu'il y épousa sa cousine sur le conseil de l'ange Raphaël, son mystérieux compagnon de route.

Au sud-ouest de Téhéran, à 300 kilomètres, se trouve la ville de Hamadon, bâtie sur les ruines de l'ancienne Ectabane. En 1868, l'on y comptait 35 à 40,000 habitants. Mais à la suite d'un tremblement de terre accompagné d'une famine, la population a considérablement diminué et atteint à peine 25,000 âmes dont 3 à 4.000 Juifs. Au XVIIᵉ siècle, c'était alors une cité des plus florissantes. A l'heure actuelle, elle est en pleine décadence. Ses mosquées, ses bazars, ses caravansérails, ses tombeaux, attestent sa grandeur passée. C'est là où fut enterré le célèbre Avicenne qui vivait au XIᵉ siècle et excella dans toutes les branches de la science, principalement dans la médecine. Ce fut lui qui, le premier, employa les médicaments aromatiques. Sa célébrité fut grande, et au XVIIᵉ siècle, ses préceptes servaient encore de base à l'enseignement dans l'Université de Montpellier.

La ville la plus intéressante à visiter si l'on veut connaître la Perse moderne, est Ispahan, l'ancienne capitale des Sofis. Les origines de cette cité sont fort anciennes. Au dire des Arabes, elle aurait été fondée par une colonie juive que Nabuchodonosor aurait transportée en ce lieu au IIᵉ siècle de l'ère chrétienne, peu après la prise de Jérusalem. Elle avait une certaine importance et au XVIIᵉ siècle, c'était une ville des plus florissantes, qui comptait 5 à 600,000 habitants, 162 mosquées. 180 caravansérails et 273 bains publics, et était le siège d'un immense commerce. A l'heure actuelle, il n'en est plus ainsi. Ispahan n'a plus que 50 à 60,000 habitants et est un amas de ruines. Des palais dégradés, des maisons et des bazars écroulés, des pans de murs inclinés, des amoncellements de terrain indiquent que tout a frappé cette ville.

Néanmoins, on y remarque quelques monuments, vestiges de sa splendeur passée. Sur le cours du Zendé-Roud, un pont long de 150 mètres, reposant sur cinq arches de stye ogival, l'ancienne demeure royale, la grande mosquée dont le dôme est d'émail bleu, travaillé d'arabesques jaunes, la place Meydanou où se donnaient les fêtes publiques, sont autant de merveilles. C'est là où l'on peut connaître, étudier l'art persan. En même temps, la solitude que l'on remarque dans cette cité semble prouver que la décadence de la Perse est irrémédiable et que désormais ses jours sont comptés.

La ville en Perse où l'on remarque le plus d'activité est Méched, dans le Khorassan, qui compte de 60 à 70.000 habitants. Méched, d'origine assez récente, ne remonte pas au-delà du VIIIe siècle et doit son importance à la tombe d'un saint vénéré, l'iman Riza, qui fut l'un des disciples préférés d'Ali. Chaque année, plus de cent mille pèlerins viennent visiter Méched et sont suivis par de nombreux marchands ; aussi le commerce y est-il considérable. Le principal monument de la ville est la mosquée qui renferme les restes de l'iman. Le quartier où elle se trouve est regardé comme sacré et aucun Européen n'a pu encore y pénétrer. Là, le fanatisme Schiitte dépasse tout ce qu'on peut imaginer. L'on vend dans les rues des talismans, des rouleaux de papier contenant des invocations adressées à l'iman ; dans les mosquées, les prédicateurs ne cessent de raconter la vie et la mort d'Ali et sont souvent interrompus par les sanglots des assistants. L'on peut regarder Méched comme le centre religieux des Musulmans Schiites et pour eux son importance égale celle de La Mecque.

Si nous nous rendons dans les provinces méridionales de la Perse, nous atteignons Chouster qui, en 1840, a été dévastée par la peste. Depuis, cette ville s'est relevée et aujourd'hui elle compte environ 15 à 20.000 habitants. Dans son voisinage se trouvent les ruines de Suse ; cette immense métropole pouvait avoir une population de 6 à 700.000 âmes. De Chouster, nous gagnons le Farsistan et nous arrivons à Chiraz qui ne peut nous arrêter longtemps. Jadis on lui donnait plus de 30.000 âmes et son commerce était assez important. En 1853, elle fut détruite par un tremblement de terre, et aujourd'hui, cette cité naguère encore si florissante, se compose de trois ou quatre cents maisons plus ou moins délabrées. A 60 kilomètres, l'on va visiter les restes de l'ancienne Persépolis, qui, en partie incendiée par Alexandre le Grand, fut détruite par les Arabes au VIIe siècle de l'ère chrétienne. Son ensemble de colonnes, de palais effondrés, de murs à moitié

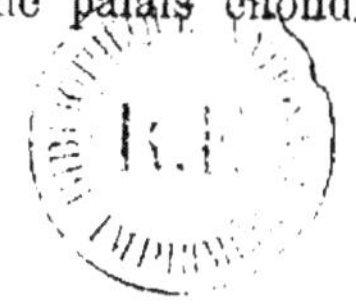

détruits est imposant et les fouilles qui y ont été faites ont été fructueuses pour la science. Sur le golfe Persique, le principal port de la Perse est Bender-Bouchir, qui compte 12 à 15.000 habitants et dont la rade est tant bien que mal accessible aux gros navires. Enfin, terminons notre aperçu en nommant la petite île d'Ormuz qui, située à l'entrée du golfe Persique, commande cette mer intérieure et dont l'importance est extrême. Jadis elle était célèbre par ses pêcheries de perles. Les Portugais qui l'occupèrent de 1506 à 1622 en avaient fait une véritable citadelle. Les Persans la reprirent avec l'aide des Anglais. Aujourd'hui, nos voisins d'Outre-Manche considèrent avec attention ce point stratégique, et il ne faudrait pas nous étonner si nous apprenions que le gouvernement britannique est en train de négocier à son sujet avec la Cour de Téhéran.

Un pays dont les villes sont plus ou moins en ruines, et c'est le cas de la Perse, ne peut être florissant ; sa situation économique est misérable et un simple coup d'œil jeté sur ses campagnes le prouvera surabondamment.

Il existe peu de régions où la grande propriété soit plus générale qu'en Perse. De vastes territoires connus sous le nom de *khalisseh*, constituent ce que nous pouvons appeler le domaine de la couronne et appartiennent au souverain. Les paysans y sont soumis à une sorte de servage et leur condition est fort pénible. Dans chaque province, il existe un administrateur chargé de gérer les *terres royales* et il les afferme à des gérants, qui eux-mêmes les sous-afferment. Ces intermédiaires n'ont qu'un but, s'enrichir le plus possible, et aussi les cultivateurs sont-ils exploités dans toute l'acception du mot. Les mosquées, les communautés religieuses, les fondations pieuses sont personnes morales et peuvent posséder. Les biens qu'elles détiennent sont appelés *ouakfi* ; leur richesse territoriale augmente tous les jours, et déjà l'on peut prévoir le moment où le gouvernement songera à la restreindre. Viennent ensuite les *erbabis* ou terres possédées par des particuliers qui les louent à des fermiers, moyennant une partie de la récolte. Dans cette espèce, le paysan n'est pas attaché à la glèbe. C'est un fermier tel qu'il existe en Europe. Mais la plupart du temps, il est pressuré et il lui arrive parfois de quitter le domaine après avoir incendié sa cabane et de s'enfuir dans la steppe en emmenant avec lui son bétail.

Çà et là, il existe quelques paysans qui sont propriétaires de la terre qu'ils cultivent, mais ils sont en petit nombre. Dans les provinces orientales, l'on trouve des communautés qui rappellent assez le village indien. Chaque année, les habitants d'un hameau se partagent la plaine d'alentour en autant de parcelles qu'il y a de charrues, et chacune d'elles est attribuée à un chef de famille. La propriété se transmet comme chez nous par donation, créance, hypothèque et la vente. Elle est libre d'entraves et ce qui lui manque ce sont les garanties légales. En Perse, il n'y a pas de sécurité, et le paysan a sans cesse à craindre d'être pillé par les voleurs ou dépouillé par le gouverneur du district ou de la province. Aussi, ne demande-t-il au sol que l'indispensable à ses besoins. L'agriculture est rudimentaire. La charrue consiste en un tronc d'arbre muni d'un morceau de fer. L'assolement est inconnu et l'emploi des engrais fort peu répandu. Le bétail, mal soigné, souvent dépérit. Aucun progrès n'a été réalisé et il en résulte que la plus grande partie des terres susceptibles de rapport sont en friche ; partout, c'est l'abandon, la décadence la plus complète.

L'industrie n'est pas plus brillante. Au XVIIe siècle, Chardin nous dit qu'il existait alors une grande production de soieries, velours, taffetas, brocarts à Kachan, à Ispahan, des manufactures d'armes à Kerman, à Chiraz, des tissages d'indiennes un peu partout, de la chaudronnerie remarquablement belle, et des fabriques de tapis et de châles. Les tuiles émaillées étaient très recherchées. La poterie était fort estimée ; les Persans excellaient à décorer la porcelaine et la faïence, si bien qu'ils prétendaient avoir devancé dans cet art les Chinois et les Japonais. Les dessins bleus étaient ceux qu'ils préféraient. Aussi, tout porte à croire que même encore au temps des Sofis, la population ouvrière était assez nombreuse ; aujourd'hui il n'en est plus ainsi. La Perse se borne à fabriquer de la vaisselle de cuivre, de la poterie, des cartonnages, des cotonnades, des tapis, des châles, de l'essence de rose. Le tissage a lieu à la main. Les châles sont toujours remarquables par la douceur et la beauté de la laine. Il en est de même des tapis ; malheureusement, l'invasion des dessins d'Europe commence à leur faire perdre leur originalité. Les soieries ne sont plus ce qu'elles étaient. Depuis 1864, les vers sont malades, et il en résulte une dépréciation dans la production, ainsi que dans sa qualité. En outre, l'industrie, restant fidèle à ses anciens errements, ne peut soutenir la concurrence des Européens, et les objets manufacturés de l'Occident et de la Russie tendent de plus en plus à envahir les marchés et à se substituer à ceux des indigènes.

Le commerce n'est pas naturellement ce qu'il devrait être. On n'a pas de données sérieuses sur les transactions qui ont lieu dans la Perse même, et qui ont trait aux denrées et aux articles persans. L'on sait seulement que le mouvement augmente tant soit peu. Quant au commerce extérieur, par l'entrée et la sortie des ports, on peut l'évaluer à 250 millions de francs, dont 140 pour les importations et 110 pour les exportations. La Perse achète plus qu'elle ne vend. Elle importe d'Angleterre des draps, des tissus de coton, de soie, de velours, des glaces, des porcelaines, du thé, des sucres, et de la Russie du papier, des draps, du fer, des sucres, des imprimés. La France ne lui fournit qu'un peu de sucre, du vin, quelques dentelles ou soieries, pour deux millions seulement. Les exportations de la Perse consistent en fruits secs, en coton, en soieries, en parfums. Nos achats sont pour ainsi dire insignifiants. Au point de vue commercial, nous avons cessé d'exister dans cette région.

Le commerce de la Perse est pour plus de la moitié aux mains de l'Angleterre et un quart appartient à la Russie. Nous assistons ainsi à une lutte entre les deux puissances, lutte à la fois politique et économique et dont l'importance grandit chaque jour.

L'Angleterre veut conserver à tout prix l'empire des Indes et dans ce but elle s'est emparée de la Birmanie, a imposé sa suprématie au Béloutchistan et porté la guerre chez les Afghans. La Russie, maîtresse du Caucase, a mis la main sur la Géorgie, une partie de l'Arménie et débordé sur le Turkestan ; son influence est considérable à la cour de Téhéran. Il est d'usage de lui supposer des ambitions démesurées, et de penser qu'elle veut réunir à ses vastes domaines la Péninsule Cisgangétique. L'on parle souvent du testament de Pierre-le-Grand et ses successeurs rêveraient de monter à Delhy sur le trône du Grand-Mogol. Nous ne saurions trop combattre cette opinion que nous considérons comme erronée. La Russie ne songe pas à s'emparer de l'Inde, sachant bien qu'elle ne pourrait pas conserver sa conquête. Elle veut s'annexer la Perse, ou tout au moins avoir sur ce pays une influence prépondérante et le réduire à l'état de vassal. Elle poursuit ce but avec ténacité et y parviendra dans un avenir assez prochain. C'est pour elle une œuvre nationale et les raisons qui l'y poussent ont une cause à la fois politique, militaire, maritime et économique. Du jour où les Czars auront réuni la Perse à leur empire, leur prestige dans toute l'Asie serait immense et l'on ne tarderait pas à apprendre qu'ils se sont fait couronner à Samarcande en qualité de successeurs de Tamerlan. De plus, la Perse est la route des Indes et donne accès sur l'Océan Indien. Leur puissance militaire serait plus redoutable que jamais et bientôt leurs escadres sillonneraient cette mer que les Anglais regardent un peu comme leur propriété. Enfin, le sol de la Perse convient merveilleusement à la culture du coton. Depuis peu, les Russes ont commencé à faire produire cette matière première au Turkestan. En ayant ainsi un vaste territoire *cotonnier*, ils arriveraient non seulement à se passer de l'Amérique, mais encore à approvisionner les marchés de l'Europe occidentale. Pour le coton, la France et l'Angleterre deviendraient tributaires de la Russie, qui serait dorénavant une *sixième partie du monde*, comme on l'a si justement appelée. Telle est la *question de Perse* ; telle sera sa solution et elle est prochaine.

Il est certain que l'Angleterre, *cette nation de marchands*, sera frappée du jour où la Perse entrera dans le monde russe, mais ses efforts seront inutiles. L'occupation de quelques stations navales sera impuissante pour arrêter la marche de la Russie. L'orgueil britannique sera profondément humilié et le cabinet de Saint-James en sera réduit à quelques protestations diplomatiques. Du reste, il aura assez à faire pour maintenir sous sa domination ses sujets de l'Inde, qui déjà commencent à connaître leur valeur numérique. La suprématie commerciale que nos voisins d'Outre-Manche s'arrogent leur échappera ; ils ne l'ignorent pas, et c'est pour cela qu'ils regardent sans cesse du côté de la Perse et ne peuvent dissimuler les inquiétudes que leur causent les progrès de la Russie dans cette partie de l'Asie. Du moment que les Russes seront en Perse, dans la cité de Londres l'on interrogera l'avenir avec tristesse, et l'on sentira qu'une crise est proche. L'Angleterre pourra la traverser, mais elle en sortira amoindrie, ou tout au moins gravement atteinte dans sa prospérité. L'on peut dire que cette lutte qui se poursuit dans l'Asie centrale est l'une des plus importantes qui aient jamais eu lieu. Ce n'est pas une lutte sur des champs de bataille ; c'est une lutte économique et dans cette guerre, les coups sont plus meurtriers que dans l'autre. Une nation qui est frappée dans son commerce ne se relève que fort difficilement ; voilà ce qu'il ne faut pas oublier.

Ce n'est pas sans un profond sentiment de tristesse que nous constatons que nous n'avons aucun rôle à jouer dans cette lutte. Jadis il n'en était pas ainsi, et au siècle dernier, Dupleix, en fondant un empire franco-indien, se proposait de rendre notre influence prépondérante en Perse. Un traité avait été conclu avec la cour d'Ispahan ; nous avions un comptoir dans le golfe Persique, à Bender-Bouchir, et nos produits étaient recherchés sur tous les marchés persans. En 1751, notre consul de Tauris, où se trouvaient établis plusieurs de nos nationaux, adressait une lettre au ministre de la marine et disait : « Nous n'avons pas à redouter la concurrence ; nos draps sont partout estimés et appréciés pour leur qualité. Ils jouissent d'une supériorité incontestable. » Ces draps étaient fabriqués à Sedan et à Elbeuf; à l'heure actuelle, la Russie domine commercialement à Tauris, et notre pavillon ne se montre plus dans le golfe Persique. Cette époque commence à s'éloigner de nous, et l'on se demande s'il est bien utile d'en parler et si ce n'est pas se livrer à une étude archéologique.

Néanmoins, qu'il nous soit permis de nous y arrêter un instant ; nous pouvons y récolter les leçons de l'expérience et les bons exemples à suivre. Au siècle dernier, nous n'avions pas à craindre la concurrence pour les draps de Sedan et d'Elbeuf; Roubaix n'existait pas encore. Aujourd'hui, nous avons le drap de Roubaix et avec lui, nous pouvons paraître sans crainte sur tous les marchés, chercher d'autres débouchés. Nous en trouverons : l'Extrême-Orient nous en offre et il y a là un vaste champ ouvert à notre initiative. A la ville de Roubaix de donner l'exemple et de montrer qu'elle est la grande cité industrielle et d'affirmer sa puissance économique. Tel est notre désir et nous croyons qu'il ne tardera pas à être réalisé.

Lille Imp. L. Danel.